PUBLICATIONS DU CENTRE DE DOCUMENTATION SOCIALE

(École Normale Supérieure)

Le Guide
de l'Étudiant en Sociologie

PAR

C. BOUGLÉ
Professeur d'histoire de l'économie sociale
à la Sorbonne

ET

M. DÉAT
Agrégé de philosophie
Secrétaire-Archiviste du Centre

PARIS

LIBRAIRIE GARNIER FRÈRES

6, RUE DES SAINTS-PÈRES, 6

1921

Le Guide

de

l'Étudiant en Sociologie

PUBLICATIONS DU CENTRE DE DOCUMENTATION SOCIALE

(ÉCOLE NORMALE SUPÉRIEURE)

Le Guide
de l'Étudiant
en Sociologie

PAR

C. BOUGLÉ

Professeur d'histoire de l'économie sociale
à la Sorbonne

ET

M. DÉAT

Agrégé de philosophie
Secrétaire-Archiviste du Centre

PARIS

LIBRAIRIE GARNIER FRÈRES

6, RUE DES SAINTS-PÈRES, 6

—

1921

AVANT-PROPOS

Les débutants en sociologie sont souvent fort embarrassés. Cette science naissante, qui doit mettre en œuvre tant de matériaux divers, ne peut pas encore montrer un traité méthodique et complet où seraient assemblées, classées, coordonnées ses découvertes et ses théories. Un inventaire des résultats obtenus et des problèmes posés continue à nous manquer.

L'Année sociologique, à vrai dire, tenait ce rôle à sa manière. En rapprochant de période en période, pour en extraire l'essence sociologique, une foule de travaux portant sur les croyances religieuses, ou sur la vie économique, ou sur les formes juridiques, Durkheim et ses collaborateurs ont fait comprendre à quelles conditions pouvait progresser l'étude comparative et synthétique des institutions humaines. Ils ont constitué ainsi une sorte de dictionnaire sociologique qui demeure un incomparable instrument de travail.

Seulement, ce dictionnaire effraie les commençants par sa masse même. Les travaux auxquels il renvoie sont trop nombreux, et en trop de langues.

Nous avons donc pensé qu'il fallait faire un choix. Songeant aux futurs étudiants en sociologie, élèves des Facultés ou élèves des Écoles normales d'instituteurs, nous avons retenu les travaux de langue française qui nous ont paru spécialement propres à l'œuvre d'initiation. Nous les avons classés sous des rubriques très larges : Sociologie générale, Sociologie domestique et politique, Sociologie juridique et morale, Sociologie religieuse, Sociologie économique. *Nous avons le plus souvent ajouté aux signalements bibliographiques, que nous avons fournis aussi détaillés que possible, une note brève qui rappelle le contenu, le caractère, la tendance des livres ou des articles signalés.*

Notre bibliographie n'a donc pas cherché à être complète, mais pratique. Indépendamment des travaux qui ont pu nous échapper, il en est que nous avons oubliés systématiquement : parce que, en dépit de leurs titres, ils nous paraissent de nature à apporter plus de confusion que de clarté dans les esprits.

A cette liste des travaux élémentaires aisément utilisables, nous avons ajouté une liste des revues qui nous ont semblé, non seulement par les matériaux qu'elles rassemblent, mais par l'esprit de comparaison et de synthèse qui s'y rencontre, préparer à la culture sociologique.

Nous terminons par une liste des principaux centres, offices ou bureaux, où l'on peut trouver, à Paris, des informations sociales, au sens large du mot. De ces centres aussi il serait bon que l'étudiant en sociologie apprît le chemin. Il y trouverait toutes sortes de renseignements sur les formes de la vie d'aujourd'hui : renseignements précieux, non pas seulement pour l'action, mais pour la science. Car il faut bien qu'on se rende compte que le champ d'exploration de la sociologie va des faits les plus proches de nous aux plus lointains : et le syndicalisme n'est pas moins intéressant pour elle que le totémisme. Si la sociologie pouvait préparer la jeunesse à s'informer et à réfléchir avec méthode sur le présent lui-même, elle n'aurait certes pas perdu sa peine.

C. B.

Le Guide

de

l'Étudiant en Sociologie

BIBLIOGRAPHIE ÉLÉMENTAIRE

I. — SOCIOLOGIE GÉNÉRALE.

A. — Sur l'objet et la méthode de la Sociologie.

FAUCONNET et MAUSS. — Article **« Sociologie »** dans la *Grande Encyclopédie.*

F. GIDDINGS. — **Principes de sociologie.** (Traduit de l'anglais et précédé d'une préface par le vicomte Combes de Lestrade. Paris, Giard et Brière, 1897, in-8º, XI-362 pp.)

> Étudiant tour à tour la « composition » et la « constitution » sociales, les sociétés zoologiques, anthropogéniques, ethnogéniques, démogéniques, l'ouvrage de M. Giddings est l'un des mieux faits pour donner une vue d'ensemble des problèmes sociologiques. La traduction française est malheureusement très imparfaite. Il faudrait se reporter à l'édition publiée en 1896 par la *Columbia University Press : The principles of Sociology, an Analysis of the phenomena of association and of social organization,* 476 p.

DURKHEIM. — **Les règles de la méthode sociologique.**
(Paris, Alcan, 1895, in-12, 7e édit., 1919, XXIV-
186 pp.)

> La préface de la 2e édition constitue un des exposés
> théoriques des plus nets de la philosophie de Durkheim,
> sous forme de réponse aux adversaires de la sociologie.

G. TARDE. — **Les lois sociales : Esquisse d'une sociologie.**
(Paris, Alcan, 1898, in-12, 172 p.)

> Vues d'ensemble sur la répétition, l'opposition, l'adap-
> tation des phénomènes sociaux.

G. TARDE. — **Les lois de l'imitation.** (Paris, Alcan, 1895,
in-8º, 4e édition, revue et augmentée en 1904, 424 p.)

> Le chapitre vii est consacré à « la Coutume » et à « la
> Mode », avec applications aux langues, aux religions, aux
> gouvernements, aux législations, aux usages et besoins,
> aux morales et aux arts.

G. SIMMEL. — **Le problème de la sociologie.** (*Revue de
métaphysique et de morale*, septembre 1894, pp. 497-
504.)

> L'auteur propose qu'on retienne, pour objet spéci-
> fique de la sociologie, l'étude des formes sociales, abstrac-
> tion faite des contenus, des buts divers.

G. SIMMEL. — **Comment les formes sociales se main-
tiennent.** (*Année sociologique*, t. I, pp. 71-109.)

> Illustration de la thèse résumée dans l'article cité
> ci-dessus.

C. BOUGLÉ. — **Qu'est-ce que la Sociologie?** (Paris, Alcan,
1907, in-12, 176 p.)

> En sous-titre : La Sociologie populaire et l'histoire. —
> Les rapports de l'histoire et de la science sociale d'après
> Cournot. — Théories sur la division du travail.

G. RICHARD. — **Notions élémentaires de Sociologie.** (Publié avec le *Manuel de Morale*, Paris, Delagrave, 1903, in-12.)

> Après des notions générales sur la socialité, esquisse d'une classification et filiation des types sociaux, suivie elle-même d'une étude sur les problèmes du progrès.

SULLY-PRUDHOMME. — **Le lien social.** (Paris, Alcan, 1909, in-8º, XIX-230 pp.)

> Suite de méditations philosophiques qui introduisent à la sociologie. Effort pour montrer comment se distinguent et se relient les différents régimes sociaux de la violence, de l'ascendant, de la critique, de la conciliation.

R. HOURTICQ. — **Leçons de logique et de morale.** (Livre II, chap. xiv et xv : « Méthode de l'histoire », « Méthode de la sociologie »; livre III, 2e partie : le chapitre sur « la Famille » est inspiré, dit l'auteur, des cours de Durkheim. Paris, Paulin, 1908, in-12, 322 p.)

A. REY. — **Leçons élémentaires de psychologie et de philosophie.** Livre II, chap. xix : « l'Observation indirecte en sociologie »; et livre III : « Morale sociale générale ». Relations économiques : « L'État, la Famille ». (Paris, Cornély, 1903, in-8º, 632 p.)

TAINE. — **Histoire de la littérature anglaise.** (Préface, Paris, Hachette, 3e éd., 1873-1874, in-12, 4 vol., t. I, XLVIII-527 pp.)

FOUILLÉE. — **La science sociale contemporaine.** (Paris, Hachette, 1880, in-12, XIII-424 pp.)

Doctrine de Saint-Simon. Exposition, 1re année. (Paris, Mesnier, 1830, 2e éd., in-8º, 440 p.)

> Un des livres où l'on voit le mieux comment la philosophie de l'histoire prépare la sociologie.

A. COMTE. — **Cours de philosophie positive.** (48e à 52e leçons.)

STUART-MILL. — **Logique des sciences morales.** (Logique,
l. VI : Traduction Belot, Paris, Delagrave, 3e éd.,
in-12, XCI-218 pp.)

SPENCER. — **Principes de Sociologie.** (Traduction Cazelles,
Paris, G. Baillière, 1878, 2e éd. en 1891, 3 vol. in-8º.)

> Au IIIe volume, chapitre des « Institutions politiques »,
> est développée la fameuse distinction entre les sociétés
> de type militaire et les sociétés de type industriel,
> pp. 757-852.

*B. — Sur les rapports de la Sociologie avec l'Histoire
et les Sciences sociales.*

F. LACOMBE. — **De l'histoire considérée comme science.**
(Paris, Hachette, 1894, in-8º, 415 p.)

> Le livre le plus accessible pour les débutants ; utilise
> la distinction entre l' « événement » et l' « institution » ;
> propose une classification, par ordre d'urgence, des besoins
> humains.

H. BERR. — **La synthèse en histoire.** (Paris, Alcan, 1911,
in-8º, 270 p.)

> Distingue deux degrés de la synthèse, érudite et scien-
> tifique. La 2e partie est consacrée à une analyse des trois
> ordres de causalité : les faits, les institutions, les idées.

CH. SEIGNOBOS. — **La méthode historique appliquée aux
sciences sociales.** (Paris, Alcan, 1902, 2e éd., revue
et corrigée, in-8º, II-322 pp.)

> Étudie dans la 2e partie l'état de l'histoire sociale,
> ses difficultés spéciales, la construction des faits sociaux,
> la détermination des groupes sociaux, l'action des faits
> humains individuels sur les faits sociaux, l'action des
> faits humains collectifs sur la vie sociale.

LANGLOIS et SEIGNOBOS. — **Introduction aux études historiques.** (Paris, Hachette, 1897, in-12, XVIII-308 pp.)

J. Brunhes et C. Vallaux. — **La géographie de l'histoire.**
(Paris, Alcan, 1921, in-8°, 700 p.)

Durkheim et P. Fauconnet. — **Sociologie et sciences
sociales.** (*Revue philosophique*, mai 1903.)

Durkheim. — **Préfaces de l'Année sociologique.** (T. I,
1898, pp. I-VII; t. II, 1899, pp. I-VI.)

> Montrent en particulier comment, sous l'influence de
> la sociologie, les disciplines spéciales pourraient coor-
> donner leurs efforts.

F. Simiand. — **Méthode historique et science sociale.**
(*Revue de synthèse historique*, 1903, t. VI, pp. 1 et 129.)

> Étude critique d'après les ouvrages de MM. Lacombe
> et Seignobos.
> Résumé d'une communication faite à la « Société
> d'histoire moderne et contemporaine ».

Cournot. — **Traité de l'enchaînement des idées fonda-
mentales dans les sciences et dans l'histoire.** (Paris,
Hachette, 1861, 2 vol., in-8°. Nouvelle édition avec
un avertissement par L. Lévy-Bruhl. Paris, Hachette,
1911, 1 vol. in-8°, 712 p.)

*C. — Sur les rapports de la Sociologie
avec la Psychologie.*

Journal de psychologie (Numéro spécial de juillet 1920.
Articles de Dumas sur l' « interpsychologie »; Seignobos sur la « méthode psychologique en sociologie »; Davy sur l' « explication psychologique en
sociologie »; Sageret sur l' « origine sociologique de
l'esprit »; Blondel sur « la volonté : essai d'interprétation sociologique. »)

G. Tarde. — **Études de psychologie sociale.** (Paris, Giard et Brière, 1898, in-8º, 326 p.)

G. Tarde. — **L'opinion et la foule.**

> Le public et la foule, l'opinion et la conversation, la foule et les sectes criminelles.

Durkheim. — **Représentations individuelles et représentations collectives.** (*Revue de métaphysique et de morale,* mai 1898.) (Discuté par Goblot dans la *Revue philosophique* de décembre 1898.)

Sc. Sighele. — **La foule criminelle,** essai de psychologie collective. (Paris, Alcan, 1901, 2e éd., in-8º.)

> L'introduction, discutant la théorie de Spencer, essaye de préciser les rapports entre la sociologie et la psychologie collective.

Fr. Paulhan. — **Les transformations sociales des sentiments.** (Paris, Flammarion, Bibliothèque de philosophie scientifique, 1920, in-12, 288 p.)

> Études sur l'organisation, la spiritualisation et la socialisation des tendances : montrant « comment l'idée et le désir se modifient en prenant part à la vie de l'organisme, de l'esprit, de la société ». La 2e partie est entièrement consacrée à l'exemple de la tendance sexuelle.

Th. Ribot. — **La psychologie des sentiments.** (Paris, Alcan, 1896, in-8º, 443 p.)

> Le chapitre VIII est consacré aux sentiments sociaux et moraux, le chapitre IX au sentiment religieux, le chapitre X au sentiment esthétique.

J. Novicow. — **Conscience et volonté sociales.** (Paris, Giard et Brière, 1897, in-8º, 380 p.)

> Définit la théorie organique, montre la fonction de l'élite dans le « mécanisme de la conscience sociale ».

J. Novicow, Espinas, Bouglé. — **Discussions sur la
sociologie biologique,** dans *la Revue philosophique*
(avril, mai, octobre 1900, avril 1901).

J.-M. Baldwin. — **Interprétation sociale et morale des
principes du développement mental.** Étude de psycho-
sociologie. (Trad. Duprat, Paris, Giard et Brière,
1899, 577 p.)

> Montre en quel sens le moi réel est social. Recherche
> « dans quelle mesure les principes du développement
> mental dans l'individu sont aussi ceux de l'évolution
> sociale ».

E. Boutmy. — **Éléments d'une psychologie politique du
peuple américain :** la Nation, la Patrie, l'État, la
Religion. (Paris, Colin, 1902, in-18, 366 p.)

E. Boutmy. — **Essai d'une psychologie politique du
peuple anglais au XIXᵉ siècle.** (Paris, Colin, in-18.)

> Les deux études de M. Boutmy montrent par des
> exemples concrets quels peuvent être l'objet et les résul-
> tats de la « Psychologie des peuples ».

D. — *Sur les origines des civilisations.*

A. Espinas. — **Des sociétés animales.** (Paris, Baillière,
1877, 2ᵉ éd., in-8º, 588 p.)

J. de Morgan. — **Les premières civilisations.** Études
sur la préhistoire et l'histoire jusqu'à la fin de l'empire
macédonien. (Paris, E. Leroux, 1909, in-4º, XII-
513 pp.)

J. de Morgan. — **L'Humanité préhistorique.** Esquisse
d'une préhistoire générale. (La Renaissance du Livre,
1921, in-8º, XIX-330 pp.)

LÉTOURNEAU. — **La psychologie ethnique.** Mentalité des races et des peuples. (Paris, Schleicher, 1910, in-8º, VIII-556 pp.)

J. DENIKER. — **Les races et les peuples de la terre.** (Paris, Schleicher, 1900, in-12, 492 p.)

> Trois chapitres (pp. 171-333) sont consacrés aux « caractères sociologiques » : vie matérielle, vie psychique, vie familiale et vie sociale.

L. LÉVY-BRUHL. — **Les fonctions mentales dans les sociétés inférieures.** (Paris, Alcan, 1909, in-8º, 461 p.)

> Insiste sur le caractère mystique de la pensée primitive, étudiée à travers les langues, la numération et diverses catégories d'institutions; essaie d'établir l'existence d'une « prélogique » où régnerait la loi de « participation ». (C. R. par Durkheim dans *l'Année sociologique*, t. XII, pp. 33-37.)

L. WEBER. — **Le rythme du progrès.** (Paris, Alcan, 1913, in-8º, XIV-311 pp.)

> Essaie d'établir que l'existence de l'outillage humain ne peut s'expliquer sans le primat d'une pensée technique, distincte de la pensée religieuse. V. chap. v : « *Technique et Réflexion* »; vi : « *Science théorique et science pratique.* »

ED. MEYER. — **Histoire de l'antiquité.** (Traduction David, t. I, Paris, P. Geuthner, 1912, gr. in-8º, 284 p.)

> Le 1ᵉʳ volume *(Introduction à l'étude des sociétés anciennes)* contient des observations d'ordre général sur l'État, les groupements familiaux, la morale, la coutume, le droit.

E. — *Sur l'histoire de la Sociologie.*

A. ESPINAS. — **Des sociétés animales.** (*Préface.* 2ᵉ éd., Paris, Baillière, 1879, in-8º, 588 p.)

Durkheim. — **La sociologie en France.** (*Revue bleue* des 19 et 26 mai 1900.)

Durkheim. — **La sociologie,** dans l'ouvrage intitulé *la Science française.* (Paris, Larousse, 1916, 2 vol. in-8° de 400 p.)

H. Denis. — **Histoire des systèmes économiques et socialistes.** (Paris, Giard et Brière, 1904, in-8°, t. I et II.)

> *Les fondateurs* (des Physiocrates à W. Thompson). L'introduction traite de la mission de l'histoire et précise les rapports de la sociologie économique avec le socialisme positif.

Paul Janet. — **Histoire de la science politique dans ses rapports avec la morale.** (Paris, Ladrange, 1872, 2e éd., 2 vol. in-8°, XL-531 pp. et 747 p.)

H. Michel. — **L'idée de l'État.** (Paris, Hachette, 1896 in-8°, V-659 pp.)

> Histoire de l'idée individualiste, d'inspiration renouviériste. Un chapitre est consacré à la sociologie contemporaine. (Livre IV : « L'État et l'individu devant les philosophies scientifiques. »)

F. Alengry. — **Essai historique et critique sur la sociologie chez Auguste Comte.** (Paris, Alcan, 1900, in-8°, 501 p.)

> Le livre V contient des études sur les précurseurs sociologiques directs : Montesquieu, Condorcet, Saint-Simon.

F. Alengry. — **Condorcet,** guide de la Révolution française, théoricien du droit constitutionnel et précurseur de la science sociale. (Paris, Giard, 1904, in-8°, 891 p.)

> Le livre III est spécialement consacré à l'Économie politique, la Morale et la Sociologie chez Condorcet.

2

Collection des grands philosophes français et étrangers :
Choix de textes et introductions (Montesquieu, Helvetius, Condorcet, Tarde, Durkheim). (Paris, L. Michaut, in-12.)

René MAUNIER. — **Manuel bibliographique des sciences sociales et économiques.** (Paris, Tessin, 1920, in-8°, XVI-228 pp.)

> Inventaire méthodique des bibliographies publiées dans les divers pays, catalogue de catalogues : porte sur la bibliographie générale, la sociologie et sciences auxiliaires, les sciences économiques, la bibliographie de la guerre.

II. — SOCIOLOGIE DOMESTIQUE ET POLITIQUE.

A. — *Famille.*

STARCKE. — **La famille dans les différentes sociétés.** (Paris, Alcan, 1898, in-8°, VIII-287 pp.)

> 1ʳᵉ partie : « *La Détermination de la parenté* »; 2ᵉ partie : « *La Famille primitive.* » Discussion des théories de Bachofen et de Morgan.

E. WESTERMARCK. — **Origine du mariage dans l'espèce humaine.** (Traduction de Varigny, Paris, Guillaumin, 1895, in-8°, 530 p.)

> Critique de l'hypothèse de la promiscuité primitive et du mariage de groupe.

FUSTEL DE COULANGES. — **La cité antique.** (Paris, Hachette, 1880, in-12, 468 p.)

DURKHEIM. — **La famille conjugale.** (*Revue philosophique*, janvier-février 1921.)

> Leçon extraite d'un cours sur la Famille professé à l'Université de Paris.

C. BOUGLÉ. — **Essai sur le régime des castes.** (Paris, Alcan, 1908, 278 p.)

> Dans la première partie, discussions sur le rapport de l'organisation professionnelle avec l'organisation domestique.

Ph. CHAMPAULT. — **Les types familiaux, fonctions et classifications, valeur éducatrice, natalité.** (Paris, *Science sociale*, décembre 1910, 76e fascicule, in-8o, 104 p.)

> Classification des familles, par la valeur éducatrice, en communautaires, semi-particularistes, particularistes. Leur rôle par rapport à la natalité. Vues sur la réforme à faire en France, au point de vue de la législation, des mœurs et des croyances. Applique les principes de l'école de Le Play.

Paul LAPIE. — **La femme dans la famille.** (Paris, Doin, 1908, in-12, 333 p.)

> Le chapitre II contient une étude sur l'évolution de la famille, perdant peu à peu ses attributions : religieuses, politiques, économiques.

Gaston RICHARD. — **La femme dans l'histoire.** (Paris, Doin, 1908, in-12, 465 p.)

> Dans la deuxième partie est étudié le passage du « droit maternel » au « droit patriarcal », et de celui-ci au « droit individualiste ».

Louis DELZONS. — **La famille française.** (Paris, Colin, 1913, in-12, 292 p.)

> Compare la famille actuelle à la famille d'il y a cent ans : suit les transformations qui se sont produites tant dans la classe ouvrière que dans la classe bourgeoise, conclut à une restauration de la discipline « sous sa forme moderne ».

B. — Nation.

RENAN. — **Qu'est-ce qu'une nation ?** (*Discours et conférences.* Paris, Lévy frères, 1898.)

> C'est dans cette conférence que Renan développe la théorie fameuse : « Une nation est une âme, un principe spirituel. »

Fustel de Coulanges. — **Réponse à Mommsen : l'Alsace est-elle allemande ou française ?** (Dans : *Questions contemporaines*. Paris, Hachette, 1917, pp. 89-103.)

> Oppose, à la doctrine déterministe de la race vers laquelle inclinent la plupart des philosophes allemands, la doctrine libérale qui table, en matière de nationalité, sur la volonté des peuples.

E. Goblot. — **Le principe des nationalités.** (Dans : *Questions de guerre*, 4e série, p. 201-258. Trévoux-J. Jeannin, 1917, in-12.)

> Définit les termes de « peuple, nation, nationalité » et montre quelles limites rencontre l'application du principe des nationalités.

Israël Zangwill. — **Le principe des nationalités.** (Trad. Girette. *Collection de la Grande Revue*. Paris, Didier, 1918, 58 p.)

René Johannet. — **Le principe des nationalités.** (Paris, Nouvelle Librairie nationale, 1918, in-8º, LVI-438 pp.)

> Critique comme abusive et idéologique la « théorie française » du principe des nationalités. Le chapitre iv du livre IV est consacré à cette question : « Qu'est-ce qu'une nationalité? »

H. Hauser. — **Le principe des nationalités, ses origines historiques.** (Paris, Alcan, 1916, brochure in-8º, 30 p.)

J. Tchernoff. — **Les nations et la Société des Nations dans la politique moderne.** (Paris, 1919, in-12, XXVII-200 pp., Alcan, *Préface* d'Albert Thomas.)

Joseph Barthélemy. — **Démocratie et politique étrangère.** (Paris, Alcan, 1917, in-8º, 531 p.)

> Dans la dernière partie : « La Démocratie des Nations », l'auteur oppose aux « doctrines matérialistes et autoritaires du droit international monarchique » la « doctrine humaine et libérale du droit international démocratique »; conclut que la liberté des nations n'est pas plus absolue que celle des individus et qu'il est nécessaire de combiner le principe démocratique avec les autres forces directrices de la politique internationale.

Divers. — **Les aspirations autonomistes en Europe.** (Aulneau, Delaisi, etc...) (Paris, Alcan, 1913, XIX-378 pp.)

Meillet. — **Les langues dans l'Europe nouvelle.** (Paris, Payot, 1918, in-12, 340 p.)

> Les chapitres iv, v, vi, sont consacrés à des études sur les rapports de la langue avec la race, la nation et la civilisation.

C. — *État.*

M. Hauriou. — **Principes de droit public.** (Paris, Larose et Tenin, 1909, in-8º, 734 p.)

> Contient des vues de sociologie générale sur les équilibres sociaux; distingue ce qui est dû, dans la nation aménagée en régime d'État, aux institutions, et au commerce juridique.

W. Wilson. — **L'État. Éléments d'histoire et de pratique politique.** (Traduit par Wilhelm. Préface de L. Duguit.) (Bibliothèque internationale de droit public. Paris, Giard et Brière, 1902, 2 vol. in-8º, XXXI-473 et 468 pp.)

> Tableau des anciennes formes et des formes actuelles de gouvernement. Conclusions portant sur le droit, la fonction et l'objet du gouvernement.

Fr. OPPENHEIMER. — **L'État, ses origines, son évolution et son avenir.** (Trad. H.-W. Horn.) (Paris, Giard et Brière, 1913, in-12, 228 p.)

> Après un chapitre sur la genèse de l'État, étudie l'État féodal primitif, l'État maritime, l'évolution de l'État féodal et de l'État constitutionnel.

G. JELLINEK. — **L'État moderne et son droit.** (Trad. G. Fardis, Paris, Fontemoing, 1904, 2 in-8°, VIII-574 et 593 pp.)

> Après avoir rappelé les théories sur la nature de l'État, étudie successivement le but de l'État, ses organes, ses fonctions, ses formes.

LEROY-BEAULIEU. — **L'État moderne et ses fonctions.** (Paris, Guillaumin, 1911, 4e édition.)

Léon DUGUIT. — **L'État, le droit objectif et la loi positive.** (Paris, Fontemoing, 1901, t. I, 620 p.)

> Construit sur la doctrine de la solidarité sociale une doctrine aussi opposée à celle qui réalise l'État qu'à celle qui fait de l'individu le sujet du Droit.

R. CARRÉ DE MALBERG. — **Contribution à la théorie générale de l'État, spécialement d'après les données fournies par le Droit constitutionnel français.** (Paris, Tenin, 1920, in-8°, t. I, XXXVI-837 pp.)

> Se demande si la notion de « collaboration » doit totalement éliminer celle de « domination »; définit le fondement et l'étendue de la « puissance d'État »; étudie ensuite les fonctions de l'État : législatives, administratives, juridictionnelles.

G. TARDE. — **Les transformations du pouvoir.** (Paris, Alcan, 1899, in-8°, X-266 pp.)

> Étudie les sources du pouvoir et les lois des transformations politiques. (Au chapitre X, considérations sur l'esprit social et la loi de différenciation progressive.)

Raoul DE LA GRASSERIE. — **L'État fédératif.** (Paris, Fontemoing, 1897, in-8°, 247 p.)

PROUDHON. — **Du principe fédératif et de la nécessité d'organiser le parti de la Révolution.** (Paris, 1868, in-12, 318 p.)

> Livre capital pour les partisans du fédéralisme et du régionalisme.

ANTON MENGER. — **L'État socialiste.** (Trad. Edg. Milhaud, Paris, Société nouvelle de librairie, 1904, in-12, XLV-383 pp.) Introd. de Ch. Andler.

> Esquisse l'organisation de « l'État populaire de travail », indique comment on pourrait passer à ce régime.

Maxime LEROY. — **Syndicats et services publics.** (Paris, Colin, 1909, in-12, XI-324 pp.)

> Dans la préface, l'auteur annonce que, en face de l'Exécutif, du Législatif et du Judiciaire, un nouveau pouvoir est né dans la cité moderne : le ·Professionnel.

Maxime LEROY. — **La coutume ouvrière, Syndicats, Bourses du travail, Fédérations professionnelles, Coopératives.** (Paris, Giard et Brière, 1913, in-8°, 934 p. en 2 vol.)

> Effort pour montrer comment de la pratique ouvrière se dégagent des institutions nouvelles.

Maxime LEROY. — **Les transformations de la puissance publique.** (Paris, Giard et Brière, 1907, in-8°, 286 p.)

> Les syndicats de fonctionnaires. Études économiques et sociales.
> Le chapitre VII donne une esquisse de ce que l'auteur appelle « l'État futur ».

Roger FRANCQ. — **Le travail au pouvoir.** (Paris, La Sirène,
in-8°, 198 p.) Essai d'organisation technique de l'État
démocratique. Préface de Maxime Leroy.

> I. Les données du problème. — II. Représentation
> nationale et institutions gouvernementales où la Direc-
> tion générale de l'Économie nationale occupe une place
> à part. — III. Production et échanges.

Paul LOUIS. — **Le syndicalisme contre l'État.** (Paris, Alcan,
1910, in-12, 276 p.)

J. BARTHÉLEMY. — **Le problème de la compétence dans
la démocratie.** (Paris, Alcan, 1916, 266 p.)

> Étudie, à propos du citoyen, du législateur, du gouver-
> nant, les rapports du technique et du politique.

D. — *Organisation des rapports entre nations.*

Léon BOURGEOIS. — **Le pacte de 1919 et la Société des
Nations.** (Paris, Charpentier, 1919, in-12, 279 p.)
Pour la Société des Nations. (Paris, Charpentier,
1910, in-12, XII-467 pp.)

G. SCELLE. — **Le pacte des Nations et sa liaison avec le
traité de paix.** (Préface de Léon Bourgeois. Paris, Tenin,
1919, in-12, 462 p.)

Maxime LEROY. — **La Société des Nations.** (L'ère Wilson.)
(Paris, Giard et Brière, 1917, 238 p.)

> Veut montrer pourquoi et comment il est nécessaire
> de passer « de l'organisation régalienne des États à la
> notion de l'interdépendance et de l'égalité des Nations ».

LARNAUDE. — **La Société des Nations.** Conférences. (Paris, Imprimerie nationale, librairie Tenin, 1920, brochure in-4º, VIII-86 pp.)

PROUDHON. — **La guerre et la paix.** (1861, 2 vol., in-12, 404 et 422 pp.)

> Voir l'article de M. Puech sur *Proudhon et la guerre*, dans « Proudhon et notre temps ». (Paris, Chiron, 1920, in-12, 255 p.)

Th. RUYSSEN. — **De la guerre au droit.** (Paris, Alcan, 1920, in-8º, XII-304 pp.)

> Reprenant en partie la théorie proudhonienne, M. Ruyssen montre en quel sens la guerre moderne demeure une sorte d'institution juridique, mais qu'il est nécessaire de poursuivre « la réduction de la guerre par le droit » : explique les buts et les méthodes propres du « juripacisme ».

J. SAGERET. — **Philosophie de la guerre et de la paix.** (Paris, Alcan, 1919, 431 p.)

> 1re partie : La guerre est-elle une loi naturelle ?
> 2e partie : Les personnalités collectives, leurs passions, causes de guerre.
> 3e partie : L'avenir de la guerre et de la paix. Le chapitre III de cette partie est consacré au Droit des peuples; le chapitre V à la Société des Nations.

III. — Sociologie juridique et morale.

A. — *Règles et théories morales.*

L. Lévy-Bruhl. — **La morale et la science des mœurs.**
(Paris, Alcan, 1903, in-8º.)

> Démontre l'impossibilité de la « morale théorique »
> la nécessité d'étudier objectivement les règles morales
> respectées en fait, indique que sur cette science des
> mœurs un « art rationnel » pourrait s'édifier.

Durkheim. — **De la division du travail social.** (Paris,
Alcan, 1902, in-8º, XLIV-416 pp.)

> La 2e édition contient une importante préface sur les
> « groupements professionnels » et le rôle à la fois organi-
> sateur et moralisateur qu'ils doivent jouer entre l'État
> hypertrophié et les individus dispersés.

Durkheim. — **Le suicide.** (Paris, Alcan, in-8º, 2e éd.,
462 p.)

> Le chapitre ɪᴠ contient une discussion serrée des
> explications par l'imitation ou la contagion et en parti-
> culier de la théorie de Tarde.

Durkheim. — **La prohibition de l'inceste et ses origines,**
dans *l'Année sociologique.* (T. I, 70 p.)

Durkheim. — **Jugements de valeur et jugements de
réalité.** (*Revue de métaphysique et de morale.* Numéro
de juillet 1911.)

H. SPENCER. — **La morale des différents peuples et la morale personnelle.** (Trad. E. Castelot et Et. Martin-Saint-Léon. Paris, Guillaumin, 1893, in-8º.)

> Considère la morale comme un « exposé défini des modes de la conduite qui s'adaptent à l'état d'association »; montre pourquoi des sentiments moraux opposés ont pu prévaloir dans des sociétés différentes (exemples portant sur le vol, la vengeance, la tempérance, la chasteté, etc...).

P. FAUCONNET. — **Compte rendu critique** (*Revue philosophique*, 1907, p. 409) de l'ouvrage de Westermarck : *The origin and development of the moral ideas*. (Londres, Macmillan. Vol. I, 1906, in-8º, XXI-716 pp. — Vol. II, 1908, XV-852 pp. (Origine et développement des idées morales.) Cf. également : *Année sociologique* (t. X, p. 383 et t. XI, p. 274).

> Le livre de M. Westermarck constitue la plus riche des études de fait sur la genèse des idées morales; passe successivement en revue les règles qui concernent les intérêts de nos semblables, ceux de l'agent lui-même, les relations sexuelles, les animaux, les morts, les êtres idéaux. Travail considérable dont la traduction serait très désirable.

G. BELOT. — **Études de morale positive.** (Paris, Alcan, 1907, in-8º, 523 p.)

> En sous-titre : « En quête d'une morale positive. » — L'utilitarisme et ses nouveaux critiques. — La véracité. — Le suicide. — Justice et socialisme. — Charité et sélection. — Le luxe. — Esquisse d'une morale positive.

RAUH. — **Études de morale.** (Paris, Alcan, 1911, in-8º, XXV-504 pp.)

> Leçons recueillies et publiées par les élèves de Rauh. En sous-titres : « Critique des théories morales. La Patrie. La Justice. Questions de philosophie morale. »

Jacob. — **Devoirs.** (Paris, Cornély, 1907, in-12, 451 p.)

> Débute par une étude sur « le Moral et le Social »;
> s'efforce de limiter la thèse sociologique au nom des
> exigences de l'autonomie morale. Le chapitre xiii est
> consacré à la discussion du « Matérialisme historique ».

D. Parodi. — **Le problème moral et la pensée contemporaine.**
(Paris, Alcan, 1910, in-12, 210 p.) La 2e édition vient
de paraître. (Alcan, 1921, in-8º, 300 p.) A la 1re partie
(*Le Conflit des doctrines*), une 2e partie entièrement
nouvelle est ajoutée (*L'Épreuve des faits*).

C'est « l'examen de conscience philosophique, à
la veille et au lendemain de la guerre, d'un rationa-
liste impénitent ».

P. Lapie. — **La logique de la volonté.** (Paris, Alcan, in-8º,
400 p.)

> Contient des études sur les jugements de valeur.
> (Chap. i, ii, iii de la 1re partie.)

G. Belot, Bernès, Brunschvicg, F. Buisson, etc. —
Morale sociale. (Bibliothèque générale des sciences
sociales, Paris, Alcan, 1899, in-8º, XI-318 pp.)

G. Séailles. — **Les affirmations de la conscience moderne.**
(Paris, Colin, 1903, in-12, 285 p.)

> Le premier chapitre est intitulé : « Pourquoi les dogmes
> ne renaissent pas. »

C. Bouglé. — **La démocratie devant la science.** — Études
critiques sur l'hérédité, la concurrence et la différen-
ciation. (Paris, Alcan, 1904, in-8º, 312 p.)

J. Charmont. — **La renaissance du droit naturel.** (Mont-
pellier, Coulet et fils, 1910, in-8º, 219 p.)

E. Durkheim. — **La détermination du fait moral.** Dans
le *Bulletin de la Société française de philosophie.*
(Avril et mai 1906.)

G. Belot. — **La morale positive; examen de quelques
difficultés.** Même *Bulletin.* (Mai 1908.)

B. — Le droit et les sanctions.

G. Richard. — **Essai sur l'origine de l'idée de Droit.**
(Paris, Ernest Thorin, 1892, in-8°, XXIII-266 pp.)

Louis Tanon. — **L'évolution du droit et la conscience
sociale.** (Paris, Alcan, 1905, 2e éd., in-12, 402 p.)

> Effort pour définir la « conscience juridique » du
> peuple : « Ensemble de forces idéales qui, représentées
> dans les consciences individuelles en ce qu'elles ont de
> commun, agissent au sein des sociétés, pour l'évolution
> de la vie sociale. »

Alessandro Lévi. — **La société et l'ordre juridique.** (Paris,
Doin, 1911, in-12, 403 p.)

> S'efforce de montrer dans le droit un moyen terme
> entre l'économie et la morale : le minimum de moralité
> qui soit imposé et le maximum d'utilité qui soit toléré.

Fouillée. — **L'idée moderne du droit.** (Paris, Hachette,
1883, in-12, 2e éd., IV-408 pp.)

G. Davy. — **Idéalisme et réalisme dans le droit.** (Paris,
Revue philosophique, 1920.)

**A propos de l'évolution de la pensée juridique con-
temporaine.** (*Revue de métaphysique et de morale.* Jan-
vier-mars, 1921.)

H. Capitant. — **Introduction à l'étude du droit civil.** (3e éd., Paris, Pédone, 1912, 1 vol., in-8º, XXIII-399 pp.)

François Gény. — **Méthode d'interprétation et sources en droit privé positif.** (Paris, Librairie générale de droit et de jurisprudence, 1919, 2e éd., 2 vol., in-8º, t. I, XXV-446 p.; t. II, 422 p.)

Centenaire du Code civil, 1804-1904. (Paris, Rousseau, Imprimerie nationale, 1904, gr. in-8º.)

Ernest Roguin. — **La règle de droit.** — Étude de science juridique pure. Système des rapports du droit privé, précédé d'une introduction sur la classification des disciplines. (Lausanne, Rouge, in-8º, 431 p. Libr. Pichon.)

> Les chapitres viii, ix et x de la première partie traitent des rapports du droit avec la morale, avec la politique, avec l'économie politique.

Sumner Maine. — **L'ancien droit,** considéré dans ses rapports avec l'histoire de la société primitive et avec les idées modernes. (Trad. par Courcelle-Seneuil. Paris, Guillaumin, 1874, in-8º, XXIX-377 pp.)

Gustave Glotz. — **Études sociales et juridiques sur l'antiquité grecque.** (Paris, Hachette, 1906, in-12, 303 p.)

> Le premier chapitre étudie les rapports du droit criminel avec la religion; le chapitre ii est consacré à l'ordalie, le iiie au serment.

Rodolphe Dareste. — **Études d'histoire du droit.** (1889, Larose et Tenin, in-8º, XII-418 pp.)

Nouvelles études d'histoire du droit. (2e série, 1902, in-8º, VIII-374 pp. — 3e série, 1906, in-8º, IX-351 pp., Larose et Tenin.)

BEUDANT. — **Le droit individuel et l'État.** (Paris, Rousseau, 1891, in-8º, 289 p.)

Léon DUGUIT. — **Les transformations générales du droit privé,** depuis le code Napoléon. (Paris, Alcan, 1912, in-12, 206 p.)

J. CHARMONT. — **Les transformations du droit civil.** (Le mouvement social contemporain.) (Paris, Colin, 1912, in-12, 294 p.)

> Étudie, après la condition de la femme et de l'enfant, les transformations de l'idée de faute et de l'idée de risque.

G. MORIN. — **La révolte des faits contre le Code.** (Paris, Bernard Grasset, 1920, in-12, XV-254 pp.)

> Les atteintes à la souveraineté de l'individu. Les formes actuelles de la vie économique : les groupements. Esquisse d'une structure nouvelle des forces collectives.

E. FERRI. — **La sociologie criminelle.** (Trad. Léon Terrier, Paris, Alcan, 1905, in-8º, 743 p.)

> Après l'étude des données fournies par l'anthropologie et par la statistique criminelles, établit la théorie positive de la responsabilité pénale et conclut par un programme des réformes pratiques.

G. TARDE. — **La criminalité comparée.** (Bibl. de philosophie contemporaine. Paris, Alcan, 2e éd., 1890, 215 p.)

> Étude sur le type criminel et la statistique criminelle : discussion des thèses de Lombroso, Garofalo, Ferri.

A. LANDRY. — **La responsabilité pénale.** (Paris, Alcan, 1902, in-12, 195 p.)

P. Fauconnet. — **La responsabilité.** Étude de sociologie. (Paris, Alcan, 1920, in-8°, X-400 pp.) Thèse
complémentaire : Bibliographie sur *la responsabilité.*
(Alcan, 1920, in-8°, XXVI p.)

> Après avoir étudié dans une 1re partie descriptive et
> comparative les « sujets responsables » et les « situations
> génératrices de responsabilité », M. Fauconnet montre
> comment la notion de responsabilité individuelle, bien
> loin d'être une donnée primitive et universelle, est elle-
> même le résultat d'une évolution sociale. — Appendice
> sur « le sentiment de la responsabilité et le sentiment de
> la liberté ».

IV. — Sociologie religieuse.

Marillier. — Article « **Religion** », dans *la Grande Encyclopédie*.

S. Reinach. — **Orpheus, Histoire générale des religions.** (Paris, Hachette, 1909, in-12, XXI-626 pp.)

(Une nouvelle édition a été publiée chez Alcide Picard en 1914.)

> Le 1er chapitre est consacré à l'origine des religions et donne une définition des *tabous,* où l'auteur voit l'origine des « scrupules qui font obstacle au libre exercice de nos facultés », scrupules dont l'ensemble constitue l'essence de la religion.
> L'auteur a traité plus longuement la question du tabou et du totémisme dans le premier des quatre recueils d'articles intitulés « Cultes, Mythes et Religions ». (Paris, Leroux, 1905-1913.)

Chantepie de La Saussaye. — **Manuel d'histoire des religions.** (Trad. sous la direction de H. Hubert et J. Lévy. Paris, Colin, 1914, in-8º, LIII-714 pp. — Préface par H. Hubert.)

Durkheim. — **De la définition des phénomènes religieux.** (*Année sociologique,* t. I, pp. 1 à 28.)

> Essai de définition formelle : « On appelle phénomènes religieux des croyances obligatoires ainsi que les pratiques relatives aux objets donnés dans ces croyances. »

Durkheim. — **Les formes élémentaires de la vie religieuse. Le système totémique en Australie.** (Paris, Alcan, 1912, in-8º, 647 p.)

> Fait sortir, de l'étude des rites et croyances totémiques, une définition générale de la religion (mise en rapport des sociétés avec les choses sacrées) et une théorie de la connaissance (genèse sociale des concepts, des catégories de la raison). V. introduction et conclusion. Thèses résumées et discutées par Goblet d'Alviella : *La Sociologie de M. Durkheim et l'histoire des religions* (Dans la *Revue de l'Histoire des Religions*, t. LXVII; pp. 192-221.), et par Höffding (*Revue de métaphysique et de morale*, novembre 1914, publiée en novembre 1915; pp. 828-848.).

H. Hubert et M. Mauss. — **Mélanges d'histoire des religions.** (Paris, Alcan, 1909, in-8º, XLII-236 pp. — Travaux de *l'Année sociologique*.)

> Mémoires sur le sacrifice, sur l'origine des pouvoirs magiques, sur la représentation du temps dans la magie et la religion.

J.-G. Frazer. — **Le rameau d'or,** étude sur la magie et la religion. (Trad. Stiebel et Toutain. Paris, Schleicher, 1903-1911.)

> T. I : « Magie et religion; les Tabous »; — t. II : « Les meurtres rituels : périls et transmigration de l'âme »; — t. III : « Les cultes agraires et sylvestres. »

J.-G. Frazer. — **Les origines magiques de la royauté.** (Trad. P.-H. Loyson. Paris, Geuthner, 1920, in-12, 359 p.)

J.-G. Frazer. — **La tâche de Psyché.** (Trad. G. Roth. — Paris, Colin, 1914, in-12, XVII-298 pp.)

Goblet d'Alviella. — **L'idée de Dieu.** (Paris, Alcan, 1892, in-8º, XIV-328 pp.)

James H. Leuba. — **La psychologie des phénomènes religieux.** (Trad. Louis Cons. — Paris, Alcan, 1913, in-8°, IV-444 pp.)

> Le chapitre iii traite des rapports de la religion avec la moralité, la mythologie, la métaphysique et la psychologie. — En appendice, énumération des définitions de la religion. (Points de vue : 1° intellectualiste; 2° affectiviste; 3° volontariste ou pratique.)

Alfred Loisy. — **La religion.** (Paris, Nourry, 1917, 315 p.)

> Commence par une étude des rapports de la morale et de la religion, discipline de la société qui devient une « économie de salut ».

F. Buisson. — **La religion, la morale et la science : leur conflit dans l'éducation contemporaine.** (4 conférences faites à l'Aula de l'Université de Genève. — Paris, Fischbacher, 1900, 266 p.)

E. Boutroux. — **Science et religion.** (Paris, Flammarion, 1908, in-12, 400 p.)

> Le chapitre iv contient une discussion du « sociologisme ».

Divers. — **Morales et religions.** (Paris, Alcan, 1909, in-8°, 290 p.) Leçons professées à l'École des Hautes-Études.

> Commence par un article général de M. Belot sur « Morale et Religion »; il y discute la théorie de Durkheim.

C. Bouglé. — **Religion, morale et sociologie.** (*La Grande Revue*, avril 1921, p. 193-212.)

V. — Sociologie économique.

A. — *Questions de méthode. Traités généraux.*

F. Simiand. — **La méthode positive en science économique.** (Paris, Alcan, 1912, in-12, 208 p.)

> Rassemble un certain nombre des études écrites par l'auteur pour *l'Année sociologique* : discute, — soit à propos de l'économie mathématique, soit à propos du problème de la classification, — la méthode déductive et abstraite de l'économie politique classique.

G. Schmoller. — **L'économie politique, sa théorie et sa méthode.** (*Revue d'économie politique*, 1894, pp. 105-140; 339-363; 462-479; avec bibliographie.)

Ch. Gide. — **Principes d'économie politique.** (Paris, Larose et Tenin, 1913, 14ᵉ édition, in-12, 683 p.)

Ch. Gide. — **Cours d'économie politique.** (Paris, Larose et Tenin, 1913, in-8º, 3ᵉ éd., VIII-949 pp.)

> Ajoute beaucoup de chapitres aux *Principes* du même auteur; distingue l'Économie sociale (relations volontaires) de l'Économie pure (relations spontanées); insiste sur l'importance de la consommation (Livre IV).

Ch. Gide. — **Premières notions d'économie politique.** (Paris, Albin Michel, 1921, 120 p.)

A. LANDRY. — **Manuel d'économique.** (Paris, Giard et Brière, 1908, in-8°, 889 p.)

> Le livre I est consacré aux « bases psychologiques de l'économie » : montre l'utilité que conserve la conception de *l'homo œconomicus*. Appendice I : la propriété; Appendice II : les questions nationales.

COLSON. — **Cours d'économie politique.** (Paris, Gauthier-Villars, 1918. Édition définitive, 6 vol. in-8°, plus un supplément.)

> Cours professé à l'École nationale des Ponts et Chaussées; veut démontrer, « avec les fondateurs et les maîtres de la science, que seules l'initiative individuelle et la liberté engendrent le progrès économique ».

B. NOGARO. — **Traité élémentaire d'économie politique,** 3e édition, revue et augmentée des « Éléments d'économie politique ». (Paris, Giard et Brière, 1921, in-8°, 598 p.)

> Spécialement informé sur les phénomènes monétaires et la théorie de la monnaie.

Alfred MARSHALL. — **Principes d'économie politique.** (Paris, Giard et Brière, 1907, 2 vol. in-8°, XVI-544 et 661 pp.)

> Remarque qu'on ne s'est pas assez préoccupé en économie politique de la théorie des besoins. Le livre III du tome I est consacré à leur étude.

G. DE GREEF. — **La sociologie économique.** (Paris, Alcan, 1904, in-8°, 250 p.)

> S'efforce de déterminer la place de « l'économie sociale » parmi les sciences; discute le matérialisme historique.

Adolphe WAGNER. — **Les fondements de l'économie politique.** (Trad. Léon Polack. — Paris, Giard et Brière, 1904, in-8°, 5 vol.)

Ch. ANTOINE. — **Cours d'économie sociale.** (Paris, Alcan,
5e édition, 772 p.)

> Étudie l'ordre social (société politique, État, organisme
> social, l'Église); puis l'ordre économique (production,
> répartition, consommation); oppose à l'école libérale et
> à l'école socialiste l'école catholique qui « demande le
> remède suprême à la morale et à la religion ».

B. — Formes et régimes de la production.

Paul GUIRAUD. — **Études économiques sur l'antiquité.**
(Paris, Hachette, 1905, in-12, 293 p.)

> La première étude est consacrée à l'importance des
> questions économiques dans l'antiquité; la seconde à
> l'évolution du travail en Grèce (régime patriarcal, aristo-
> cratique, sources de la richesse, socialisme); les autres
> études traitent de l'impôt sur le capital à Athènes, la
> population en Grèce, etc...

Karl BÜCHER. — **Études d'histoire et d'économie politique.**
(Trad. A. Hansay. — Préface de H. Pirenne. — Paris,
Alcan, 1901, in-8°, XII-356 pp.)

> Traduction du livre intitulé *Die Entstehung der Volks-*
> *wirstschaft* qui a dépassé 15 éditions en allemand. Les
> chapitres les plus importants sont consacrés au dévelop-
> pement historique des modes d'exploitation industrielle
> et à la division du travail.

G. RENARD et G. WEULERSSE. — **Le travail dans l'Europe
moderne.** (Paris, Alcan, 1920, in-8°, 524 p.) (Collection de l' « Histoire universelle du travail ».)

> Introduction sur la « Révolution économique et sociale
> au début de l'ère moderne » (xve-xvie siècles); passe
> en revue les diverses puissances d'Europe; conclusion
> sur les grands traits de l'histoire du travail en Europe
> pendant ces trois siècles, comparaison entre les prin-
> cipaux États.

Paul MANTOUX. — **La révolution industrielle au XVIII**[e] **siècle.** Essais sur les commencements de la grande industrie moderne en Angleterre. (Paris, Société nouvelle, 1906, in-8°, 544 p.)

Louis BOURDEAU. — **Les forces de l'industrie. Progrès de la puissance humaine.** (Paris, Alcan, 1884, in-8°, 381 p.)

Robert LÉVY. — **Histoire économique de l'industrie cotonnière en Alsace.** Étude de sociologie descriptive. (Paris, Alcan, 1910, in-12, XXII-314 pp.)

E. LEVASSEUR. — **Questions ouvrières et industrielles en France sous la République.** (Paris, Rousseau, 1907, in-8°, LXXII-958 pp.)

> L'auteur de *l'Histoire des classes ouvrières et de l'industrie en France avant* 1789 donne dans ce livre un aperçu 'des questions posées depuis 1870 (progrès et vicissitudes de l'industrie, législation de l'industrie et lois ouvrières, salaires et coût de la vie, grèves et syndicats, etc...).

E. VANDERVELDE. — **Le collectivisme et l'évolution industrielle.** (Paris, Société nouvelle de librairie et d'édition, 1901, in-12, Bibliothèque socialiste, n°s 2 et 4.)

Charles BENOIST. — **L'organisation du travail.** (La crise de l'État moderne.)

> Tome I : Le travail, le nombre et l'État. (Paris, Plon, 1905, in-8°, 496 p.)
> Enquête sur le travail dans la grande industrie : mines de houille, métallurgie, constructions mécaniques, verreries, industrie textile.
> Tome II : « L'Espèce » : l'ouvrier, la classe ouvrière. (Paris, Plon, 1914, in-8°, VI-374 pp.)
> Indications sur la hiérarchie des professions et la classe ouvrière. Montre comment on va « de l'apologie du travail à l'apothéose de l'ouvrier ».

E. Vandervelde. — **Le socialisme agraire ou le collectivisme et l'évolution agricole.** (Paris, Giard et Brière,
1908, in-8°, 484 p.)

Michel Augé-Laribé. — **L'évolution de la France agricole.**
(Paris, Colin, 1912, in-8°, XVI-304 pp.)

> Détermine dans quelle mesure l'agriculture s'indus-
> trialise; étudie la répartition de la propriété, et les pro-
> grammes des associations agricoles.

Caroline Milhaud. — **L'ouvrière en France.** (Paris, Alcan,
1907, in-12, 204 p.)

> Étudie « l'ouvrière au travail », résume ce qui a été
> fait et indique ce qui doit être fait pour elle.

Paul Gemaeling. — **Travailleurs au rabais.** La lutte syndicale contre les sous-concurrences ouvrières. (Paris,
Bloud, 1910, in-8°, 432 p.)

Max Lazard. — **Le chômage et la profession.** Contribution
à l'étude statistique du chômage et de son coefficient
professionnel. (Tableaux et graphiques.) (Paris, Alcan,
1909, in-8°, 362 p.)

**Association nationale française pour la protection des
travailleurs** : 7 séries de brochures, une série 5 *bis*,
une 6 *bis*, une nouvelle série, plus les rapports pré-
sentés à l'Assemblée de Genève (1906) et de Lucerne
(1908). (Paris, Alcan.)

> L'association examine et discute, dans ses réunions
> périodiques, les questions de législation du travail à
> l'ordre du jour. Elle publie le compte rendu de ses dis-
> cussions.

P. Bureau. — **Le contrat de travail. Le rôle des syndicats
professionnels.** (Paris, Alcan, 1902, in-8°, 276 p.)

Léon JOUHAUX. — **Le syndicalisme et la C. G. T.** (Paris, La Sirène, 1920, in-12, 243 p.)

> S'efforce de découvrir, par un exposé historique de l'évolution du syndicalisme, les raisons qui expliquent l'attitude de la C. G. T. '

Maxime LEROY. — **Les techniques nouvelles du syndicalisme.** (Paris, Garnier, 1921, in-12, X-212 pp. Bibliothèque d'information sociale.)

PAUL-LOUIS. — **L'ouvrier devant l'État. Histoire comparée des lois du travail.** (Paris, Alcan, 1904, in-8°).

Enquête sur la production. I. Mémoire introductif publié par le *Bureau international du travail.* (Paris, Berger-Levrault, 1920, in-8°, 221 p.)

C. — *Les problèmes de la répartition.*

Maurice HALBWACHS. — **La classe ouvrière et les niveaux de vie.** Recherche sur la hiérarchie des besoins dans les sociétés industrielles contemporaines. (Paris, Alcan, 1914, in-8°, XVII-497 pp. — Travaux de *l'Année sociologique.*)

> Étude statistique qui aboutit à une théorie sur la hiérarchie des besoins dans la classe des travailleurs de l'industrie.

David SCHLOSS. — **Les modes de rémunération du travail.** (Trad. Ch. Rist. — Paris, Giard et Brière, 1902, in-8°, XLVIII-383 pp.)

> Études sur les différentes sortes de salaires (au temps, à la tâche, aux pièces, etc.), la participation aux bénéfices, la coopération. Introduction du traducteur sur « les transformations du contrat de salaire et leur influence sur la rétribution de l'ouvrier ».

Anton MENGER. — **Le droit au produit intégral du travail.** Étude historique. (Trad. Bonnet. — Introduction de Ch. Andler. — Paris, Giard et Brière, 1900, in-12, XL-244 pp.)

> Distingue dans le 1er chapitre le droit : *a)* au produit; *b)* à l'existence; *c)* au travail.

Ch. GIDE. — **La coopération.** (Paris, Tenin, 1910, 3e éd., in-12, XII-388 pp.)

G. RENARD. — **Le régime socialiste.** Principes de son organisation politique et économique. (Paris, Alcan, 2e éd., 1898, 186 p.)

Ernest POISSON. — **La république coopérative.** (Paris, Grasset, 1920, in-12, X-256 pp.)

> Après une introduction sur les lois ou conditions d'une transformation sociale, l'auteur étudie les lois organiques, puis les lois d'évolution de la coopération, et montre comment, la consommation organisant la production, le maximum de démocratie pourrait se réaliser dans l'ordre économique.

J. DE LANESSAN. — **Les sociétés coopératives anglaises.** (Paris, Rousseau, 1905, in-18, XVI-560 pp.)

Ch. GIDE. — **Les institutions de progrès social.** (Paris, Tenin, 1921, in-12, 5e éd., 612 p.)

> Édition revue et augmentée d'un rapport général sur l'économie sociale, préparé pour l'Exposition universelle de 1900. Étudie successivement les questions intéressant le « salaire, le confort, la sécurité, l'indépendance ».

Ch. GIDE. — **Des institutions en vue de la transformation ou de l'abolition du salariat.** (12 leçons faites en mai-juin 1919 aux étudiants américains.) (Paris, Giard, 1920, in-8º, 115 p.)

> Associations ouvrières de production. — Participation aux bénéfices. — Actionnariat ouvrier. — Sociétés coopératives de consommation. — Associations agricoles.

E. Vandervelde. — **Le Socialisme contre l'État.** (Paris-Nancy, 1918, in-12.)

> S'efforce de démontrer que le socialisme n'implique nullement l'étatisme.

Ch. Cestre. — **Production industrielle et justice sociale en Amérique.** (Paris, Garnier, 1921, in-12, XXIX-342 pp. Bibliothèque d'information sociale.)

D. — Histoire des doctrines économiques et sociales.

Hector Denis. — **Histoire des systèmes économiques et socialistes.** (T. I et II : *Les fondateurs.* — Paris, Giard et Brière, 1904, in-8º, 365 p.)

Gide et Rist. — **Histoire des doctrines économiques depuis les physiocrates jusqu'à nos jours.** (Paris, Tenin, 1920, XVIII-806 pp.)

> I. Les fondateurs; II. Les adversaires; III. Le libéralisme; IV. Les dissidents; V. Les doctrines récentes.

Ch. Brouilhet. — **Le conflit des doctrines dans l'économie politique contemporaine.** (Paris, Alcan, 1910, in-12, VIII-306 pp.)

> I. L'école libérale; II. L'école de l'intervention et de la solidarité; III. Le socialisme; IV. Le syndicalisme.

Ch. Andler. — **Les origines du socialisme d'État en Allemagne.** (Paris, Alcan, 1911, in-8º, 2e éd., 495 p.)

H. Bourgin. — **Fourier. Contribution à l'étude du socialisme français.** (Paris, Société nouvelle, 617 p.)

A. Lichtenberger. — **Le socialisme et la Révolution française.** (Paris, Alcan, 1899.)

A. Espinas. — **La philosophie sociale au XVIIIe siècle et la Révolution.** (Paris, Alcan, 1898, 412 p.)

> Une longue étude (pp. 193-212) est consacrée à Babeuf et au Babouvisme.

G. et H. Bourgin. — **Le socialisme français de 1789 à 1848.** (Hachette, 109 p.)

> Collection de textes choisis et reliés sur la Révolution, le Saint-Simonisme et le Fouriérisme, les républicains socialistes, les théoriciens, les communistes.

C. Bouglé. — **La sociologie de Proudhon.** (Paris, Colin, 1911, in-12, 333 p.)

C. Bouglé. — **Chez les prophètes socialistes.** (Paris, Alcan, 1918, in-12, 246 p.)

> Deux études sont consacrées au Saint-Simonisme, les deux autres au Marxisme.

Antonio Labriola. — **Essais sur la conception matéria-liste de l'histoire.** (Paris, Giard et Brière, 1902, in-12, 2e éd., 373 p.)

Antonio Labriola. — **Socialisme et philosophie.** Lettres à G. Sorel. (Paris, Giard et Brière, 1899, in-12, V-262 pp.)

Ad.-R.-A. Seligman. — **L'interprétation économique de l'histoire.** (Trad. Barrault. — Préface de G. Sorel. — Paris, Rivière, 1911, in-12, 176 p.)

Maurice Bourguin. — **Les systèmes socialistes et l'évolu-tion économique.** (Paris, Colin, 1904, in-8º, X-519 pp.)

> Étudie d'abord le collectivisme pur et sa théorie de la valeur; puis les formes socialistes qui conservent la valeur régie par l'offre et la demande; confronte ces théories avec les faits dans la deuxième partie.

Eug. Fournière. — **Les théories socialistes au XIXe siècle, de Babeuf à Proudhon.** (Paris, Alcan, 1904, in-8°, XXXI-415 pp.)

S. et B. Webb. — **Histoire du Trade-Unionisme.** (Trad. A. Métin. — Paris, Giard et Brière, 1877, in-8°, IV-613 pp.) Tome I de la *Bibliothèque socialiste internationale.*

REVUES ET PÉRIODIQUES DE LANGUE FRANÇAISE

L'année sociologique. — Publiée chez Alcan, sous la direction d'E. Durkheim, de 1896 à 1912, 12 volumes in-8°.

> Les 10 premiers contiennent des mémoires originaux. A partir du 11ᵉ, ils ont été publiés à part, dans la « Collection des travaux de l'année sociologique », chez Alcan. Le tome I comporte une table des matières seulement. Le tome II a en plus une table analytique des matières. Le tome III y ajoute un index de noms cités. Les tomes VIII à XII n'ont qu'une table des matières et un index de noms cités.

Revue de synthèse historique. — Directeur : M. Henri Berr. Librairie Léopold Cerf, 12, rue Sainte-Anne, Paris.

> De 1900 à 1914, 29 volumes. Chaque numéro comprend : articles de fond; revues (générales, régionales, critiques); notes, questions et discussions. Depuis la guerre, numéros spéciaux, formant 4 volumes.

Publications de l'Institut Solvay. — Institut de Sociologie, parc Léopold, Bruxelles.

> *a) Revue de l'Institut de sociologie* (depuis juillet 1920 paraît tous les deux mois). La *Revue* fait suite à l'ancien *Bulletin périodique*, contenant les archives sociologiques, publiées par E. Waxweiler, depuis janvier 1910 jusqu'à juillet 1914. Elle publie des articles et des mémoires originaux, des analyses critiques et une importante chronique du mouvement scientifique;

b) L'Institut a publié avant la guerre trois séries d'études, constituant une collection étendue : *Notes et mémoires, Études sociales* et *Actualités sociales;*

c) Depuis la fin de la guerre ont paru les *Travaux des groupes d'études de la Reconstitution nationale.*

Revue internationale de Sociologie. — Directeur : M. René Worms. Organe de l'Institut international de Sociologie et de la Société de Sociologie de Paris, 28, rue Serpente. Giard et Brière, éditeurs, 27e année.

Paraît tous les deux mois. Comptes rendus de séances, articles de fond, revue de livres et périodiques français et étrangers.

Revue d'économie politique. — Tenin, éditeur, 22, rue Soufflot.

Fondée en 1887 par Ch. Gide, Alfred Jourdan, Edmond Willy, administrée plusieurs années par Saint- Marc, compte parmi ses rédacteurs MM. Deschamps, Rist, Simiand, Germain-Martin, Truchy, etc... Rédacteur en chef : M. Ch. Gide. — Déclare ne vouloir se rattacher à aucune école, et appliquer simplement aux faits une méthode d'observation scientifique. S'efforce de sortir du cadre universitaire, pour puiser des lecteurs et des collaborateurs dans le monde de l'industrie et des finances. Publie des études originales, des chroniques et correspondances de l'étranger, un dépouillement méthodique des principaux périodiques du monde entier. — La collection de la revue forme un des répertoires les plus riches du mouvement économique dans les trente dernières années.

Revue d'histoire économique et sociale. — Rivière, édit., 31, rue Jacob.

Ancienne *Revue d'histoire des doctrines économiques et sociales.* Réimprime des textes rares, publie des inédits. Articles originaux. Comptes rendus d'ouvrages. Abondante bibliographie.

L'anthropologie. — Rédacteurs en chef : MM. Boule et Verneau.

> Paraît tous les deux mois. Matériaux pour l'histoire de l'Homme. Revues d'anthropologie, revues d'ethnographie. Publie des articles originaux, des variétés, une chronique du mouvement scientifique, des nouvelles et correspondances.
>
> Publie sous forme de « Suppléments » les C. R. des séances de l'Institut français d'anthropologie (au Muséum).

Revue de métaphysique et de morale. — Colin, éditeur. Directeur : M. Xavier-Léon.

> Traite souvent de « Questions pratiques ». (Ex. : Discussion de MM. Pécaut et Buisson sur : *Qu'est-ce qu'un député?* — Article de M. Leroy : *Citoyens ou Producteurs;* de M. Berthod : *Faut-il reviser la constitution?).* A publié (Avril-Juin 1921) un important numéro exceptionnel sur *les Problèmes actuels de l'Économique.*

Revue philosophique. — Hachette, éditeur. Fondée en 1876 par Th. Ribot. Directeur : M. L. Lévy-Bruhl. (Articles de Durkheim, Belot, Davy, etc...)

Bulletin de la Société française de philosophie. — Colin, éditeur. Administrateur : M. Xavier-Léon. Secrétaire général : M. Lalande.

> Huit numéros par an. Depuis 1901. Comptes rendus des séances et discussions, dont plusieurs ont porté sur les rapports de la morale et de la sociologie. — Prepare un « Vocabulaire philosophique » où certaines notions sociologiques se trouvent éclaircies.

L'année psychologique. — Fondée par A. Binet. Publiée par M. H. Piéron. Paris, Masson, éditeur, 27e année.

> Mémoires originaux, notes et revues, analyses bibliographiques, etc. (A publié, par exemple, t. XIII : Deniker, *la Question des races en psychologie;* XIII et XIV : Imbart, *Études sur le travail professionnel;* XV : Th. Ruyssen, *Psychologisme et sociologisme;* etc.)

Revue de l'histoire des religions. — Annales du Musée Guimet. Directeurs : MM. René Dussaud et Paul Alphandéry.

> Articles originaux, analyses et comptes rendus, notices bibliographiques. — Paraît tous les deux mois. Éditeur : Ernest Leroux, 28, rue Bonaparte.

Revue de littérature comparée. — Dirigée par MM. F. Baldensperger et P. Hazard. Paris, Champion, éditeur.

> Études originales et documents, bibliographie des questions de littérature comparée, comptes rendus critiques (1re année).
> Annonce la publication d'une collection de travaux.

Revue des sciences politiques. — Publiée avec la collaboration des professeurs et des anciens élèves de l'École libre des sciences politiques. Dirigée par M. Boutmy, puis par M. E. d'Eichthal.

> Paraît tous les deux mois. — Alcan, éditeur. 36e année. Publie des articles originaux, des variétés, des comptes rendus critiques et des analyses.

Revue du droit public et de la science politique en France et à l'étranger. — Paris, Giard et Brière. Trimestrielle.

Revue trimestrielle de droit civil. — Tenin, éditeur. Directeur : M. A. Esmein. Articles de fond, bibliographie, jurisprudence, etc.

Revue générale de droit international public. — Pédone, éditeur; 13, rue Soufflot. Directeur : M. Paul Fauchille.

> Paraît tous les deux mois. Articles sur le droit des gens, l'histoire diplomatique, etc...

Journal officiel de la Société des Nations. — En anglais et en français. Harrison and Sons Ltd., St Martin's Lane, Londres W. C. 2.

La Paix par le Droit. — Nîmes, Laporte, éditeur. Directeur : M. Th. Ruyssen. Mensuel. Depuis 1876.

Revue catholique des institutions et du Droit. — 2, avenue de la Bibliothèque, Lyon. Fondée en 1872 par une société de jurisconsultes et publicistes.

> Organe des congrès des jurisconsultes catholiques et des comités catholiques de consultation.

Bulletin de statistique et de législation comparée. — 45ᵉ année. Publié par le ministère des Finances.

Journal de la Société de statistique de Paris. — 28, rue Serpente. Mensuel. 62ᵉ année. Berger-Levrault éditeur.

> Procès-verbaux des séances de la société, études et statistiques diverses : chômage, population, production, etc...

Bulletin mensuel des institutions économiques et sociales. — Publié par l'Institut international d'agriculture de Rome.

> Documents et statistiques sur la coopération, les assurances, le crédit, l'économie agraire dans tous les pays.

Publications du ministère du Travail :

> *a) Bulletin du ministère du Travail* (ancien Bulletin de l'Office du Travail). Études sur le mouvement social en France et à l'étranger, renseignements divers, jurisprudence, actes et documents officiels;
> *b)* Publications documentaires diverses. Ex. : *Recueil de documents sur les retraites ouvrières et paysannes.*

Revue économique internationale. — Bruxelles. Directeur : M. Hennebicque; à Paris, librairie Alcan.

Compte rendu des séances et des travaux de l'Académie des sciences morales et politiques. — Directeur : M. Ch. Lyon-Caen. Librairie Alcan. Depuis 1842. Mensuel.

Journal des économistes. — Revue mensuelle de la science économique et de la statistique. Alcan, éditeur. Fondateur : G. Guillaumin. Rédacteur en chef : M. Yves Guyot. 80e année.

> Organe de la « Société d'Économie politique », attaché à la tradition libérale. Publie des comptes rendus des séances et discussions de la Société.

L'Économiste français. — Journal hebdomadaire. Fondateur : M. Paul Leroy-Beaulieu, 35, rue Bergère, Paris IXe.

> Études économiques et financières sur les divers pays, renseignements statistiques, etc.

Le Monde économique. — Fondateur : Paul Beauregard. Directeur : M. Léon Bourdillon. Rédacteur en chef : M. Robert Doucet.

> Journal hebdomadaire d'économie politique internationale : finances, commerce, industrie, économie rurale, transports, navigation.

Bulletin mensuel de l'Office des renseignements agricoles. — Publié par le ministère de l'Agriculture, 20e année.

> Actes et documents officiels, législation étrangère, agronomie, industries agricoles, questions douanières, fiscales et économiques, renseignements sur les cultures et les récoltes, statistiques agricoles et commerciales, jurisprudence, informations et renseignements.

Feuille d'informations du ministère de l'Agriculture. — (Office des renseignements agricoles.) Hebdomadaire. 26e année.

> Actes administratifs, documents parlementaires, situation agricole, chronique de l'étranger, bulletin bibliographique, revue des journaux.

Le Paysan de France. — Organe de la C. G. A. (Confédération générale des agriculteurs). Hebdomadaire. 5, boulevard de Clichy.

Revue internationale du Commerce, de l'Industrie et de la Banque. — Directeur : M. Julien Hayem. Société des industriels et commerçants de France, 38, rue du Sentier. Tenin, éditeur.

> Études documentaires sur les questions du jour, bibliographie, etc.

Publications du Bureau international du Travail. — (De Genève.)

> *a) Revue internationale du Travail,* publiée par le B. I. T. en vertu de l'article 396 du traité de Versailles. Bulletin périodique consacré à l'étude des questions concernant l'industrie et le travail, et présentant un intérêt international;
>
> *b)* Bulletin officiel, hebdomadaire, en français, en anglais et en allemand, contenant les documents officiels et les informations relatifs à l'organisation permanente du B. I. T.;
>
> *c) Informations quotidiennes,* paraissant tous les jours en français et en anglais;
>
> *d) Études et documents.* Nombreuses séries, de périodicité variable.

L'Information sociale. — 7, rue Pasquier. Rédacteur en chef : Ch. Dulot. Bihebdomadaire.

> Documents sur l'action syndicale, l'organisation du travail et l'évolution économique.

La Revue du Travail. — (De Belgique.) Publiée par le ministère de l'Industrie, du Travail et du Ravitaillement. Mensuelle. 22e année.

> Études sur le chômage, les conflits et la législation du travail dans les divers pays.

La Réforme économique. — 42, rue du Louvre. Directeur :
M. Jules Doumergue.

> Paraît trois fois par mois. — Documentation écono-
> mique internationale, documents législatifs.

La Réforme sociale. — 54, rue de Seine. Organe de la « Société d'économie sociale » et des « Unions de la paix
sociale », fondées par Le Play. Bimensuelle. 41e année.

> Contient les études et documents des sociétés, une
> chronique du mouvement économique et social dans les
> divers pays, une bibliographie, etc...

Le mouvement syndical international. — Organe de la
fédération syndicale internationale d'Amsterdam.

> Paraît tous les deux mois, en français, anglais et alle-
> mand. — Premier numéro en janvier 1921.
> Publie les documents officiels de la Fédération et des
> renseignements sur le mouvement dans le monde entier.

La Revue du Travail. — Revue syndicaliste bimensuelle.
Directeur : M. Pierre Dumas, 1, rue du Cottage,
Paris XVIIIe.

L'Avenir. — Revue du socialisme. Délégué à la rédaction :
J.-B. Séverac. Articles et études. Documents, bibliographie.

L'Atelier. — Hebdomadaire syndicaliste. 208, rue Saint-
Maur, Paris Xe.

La Vie socialiste. — Hebdomadaire de documentation.
16, rue de La Tour-d'Auvergne, Paris IXe.

Le Droit ouvrier. — 33, rue Grange-aux-Belles. Mensuel.
Organe officiel des conseils judiciaires de la C. G. T.
Revue documentaire de législation, médecine légale,
hygiène sociale, jurisprudence.

La Vie ouvrière. — Hebdomadaire syndicaliste, 144, rue Pelleport.

Les Annales de la régie directe. — Genève, 8, rue Saint-Victor. 13e année. Revue internationale paraissant tous les mois. Directeur : M. Edgard Milhaud, professeur d'économie politique à l'Université de Genève.

> En dehors des études consacrées à la régie directe et à la municipalisation, publie des études générales d'économie sociale (par exemple : sur la *Socialisation des mines de houille en Allemagne*, ou sur le *Conseil économique du Travail en France*).

La Vie urbaine. — Organe de « l'Institut d'histoire, de géographie et d'économie urbaines de la ville de Paris ». Bimensuel.

> Études et documents sur l'urbanisme, l'hygiène, l'administration municipale, etc...

L'œuvre nationale de l'enfance. — 67, avenue de la Toison-d'Or, Bruxelles. Mensuelle. Enfance, apprentissage, chronique bibliographique, etc.

Le Producteur. — 16, rue Geoffroy-Marie IXe. Directeur : M. Gabriel Darquet.

> Revue de culture générale appliquée. Crédit, assurances, industrie, agriculture, sciences, lettres. Faits et documents (les ressources naturelles, l'état de la civilisation, les facteurs de la civilisation, les grands programmes).

L'Europe nouvelle. — 92, rue de Miromesnil. Hebdomadaire.

> Articles de fond, études économiques et financières, documents diplomatiques.

Revue du mois. — Directeur : M. Émile Borel. 15 années parues. A cessé sa publication momentanément depuis décembre 1920.

L'Action nationale. — 18, rue Duphot. Directeur : M. Steeg.

> Articles originaux, chroniques, action économique et sociale. Travail parlementaire, etc...

Le Progrès civique. — Journal de critique politique et de perfectionnement social. Hebdomadaire. 69, avenue de la Grande-Armée, Paris XVIe.

Le Parlement et l'Opinion. — Revue bimensuelle. Directeur : M. Raoul Persil, député, 94, rue Saint-Lazare, Paris.

PRINCIPAUX
CENTRES DE DOCUMENTATION
SOCIALE DE PARIS

Nota : Nous n'avons pas jugé nécessaire de rappeler ici les bibliothèques des Écoles et Facultés, sur lesquelles on trouvera des indications dans le *Livret de l'Étudiant* (publié par le Bureau des renseignements scientifiques à la Sorbonne).

Musée social. — 5, rue Las-Cases. Fondateur : comte de Chambrun.

> Bibliothèque publique : nombreuses revues, catalogue alphabétique et dossiers bibliographiques sur les principales questions économiques et sociales. — Comporte 7 sections spécialisées, composant chacune une commission d'étude. Donne des consultations juridiques gratuites. Séries de conférences. — Publiait « le Musée social », comprenant les « annales » mensuelles, et des « mémoires et documents ». Ces derniers continuent à paraître.

Bibliothèque et Musée de la Guerre. — 39, rue du Colisée (sera transféré à Vincennes.) Directeur : M. Camille Bloch.

> Possède une collection d'ouvrages et périodiques publiés au cours de la guerre dans tous les pays. En a entrepris le dépouillement méthodique par matières. Continue sa collection au point de vue social et économique. Salle de travail publique.

Comité national d'Études sociales et politiques. — 45, rue d'Ulm.

> Étudie dans ses séances hebdomadaires les grandes questions actuelles, traitées par des spécialistes. Imprime, outre les procès-verbaux de ces séances, quatre séries d'études documentaires : *a)* *l'orientation nouvelle ; b)* la *vie économique ; c)* les *faits sociaux et ouvriers ; d)* *l'esprit public.* On n'assiste aux séances que sur invitations. Les publications ne sont pas mises dans le commerce.

Société d'études et d'informations économiques et financières. — 182, boulevard Saint-Germain.

> Fondée pour documenter et orienter le grand patronat français.
>
> Possède une riche bibliothèque économique et sociale. Publie :
>
> *a)* Un bulletin quotidien tiré au ronéo, donnant des extraits de la presse française et étrangère, et des documents variés sur le mouvement social et économique dans le monde entier. Un supplément imprimé accompagne souvent le bulletin ;
>
> *b)* Des études diverses : *les problèmes du jour* (série de brochures), des mémoires et documents, des correspondances de l'étranger, etc...

Association de Documentation bibliographique, scientifique, industrielle et commerciale. — 82, rue Taitbout.

> Fondée en 1911. Documente ses membres sur toutes questions. Publie un bulletin, possède une bibliothèque bibliographique, rassemble des documents. Fournit des renseignements sur demande.

Fondation Garton. — 10, place Édouard-VII. Comité d'études anglo-françaises.

> Poursuit des enquêtes et discussions entre Anglais et Français sur les problèmes d'après-guerre. A publié, en anglais et en français, un mémorandum sur la situation industrielle après la guerre.

Bureau d'action économique et sociale. — 12, rue de Miro-mesnil. Directeur : M. Adolphe Delemer.

> Étudie les questions actuelles et rassemble des documents. Publie un bulletin hebdomadaire : *la Semaine politique et sociale*, donnant des informations tant sur le mouvement ouvrier que sur le mouvement patronal.

L'Union pour la Vérité. — 29e année (a fait suite à l'Union pour l'Action morale), 21, rue Visconti.

> Institue des « libres entretiens » (par exemple sur *le Droit des Peuples*, sur *les Traditions françaises*, sur *la Réforme de l'éducation*). Publie une *Correspondance* où sont traitées des questions morales et sociales. On trouve au siège de l'Union la collection de *la Civilisation française* (guide pour l'explication des choses de France), contenant des documents sur la France passée et des enquêtes sur la France actuelle.

Association républicaine de rénovation nationale. — Au 1er étage du Cercle de la Renaissance française, 12, rue de Poitiers.

> Étudie les questions à l'ordre du jour, constitue des dossiers, fournit des documents parlementaires. — Publie un bulletin de presse quotidien dactylographié.

Association pour l'organisation de la démocratie. — 3, rue Tronchet. Directeur : Probus.

> Étudie des questions diverses du point de vue d'une organisation du mouvement démocratique en France. — Publie « France et Monde », revue mensuelle, contenant des articles de fond, et une documentation « vivante », utilisant la classification décimale.

Ligue civique. — 101, boulevard Raspail.

> A organisé « l'École civique ».
> Publie chaque semaine « l'Informateur civique », bulletin adressé aux journaux.

L'U. S. T. I. C. A. — (Union syndicale des techniciens de l'industrie, du commerce et de l'agriculture.) 21, rue de Presbourg.

> Tient à la disposition de ses membres une collection de revues et documents. — Publie un journal : « L'Ustica ».

Le « Cap ». — 100, rue de Vaugirard.

> Groupement ayant pour but la formation technique et morale des « chefs », pour l'industrie, le commerce, etc. — A organisé l' « École nouvelle d'administration et d'affaires » (dirigée par M. Wilbois). — Publie le « Bulletin du Cap ». (N° 1, en novembre 1920.)

Statistique générale de la France. — 97, quai d'Orsay, annexe du ministère du Travail.

> Bibliothèque spécialement riche en périodiques français et étrangers. Dépouillement méthodique par matières ; catalogue sur fiches et dossiers.
>
> Publie « le Bulletin de statistique générale et d'observation des prix » qui paraît tous les trois mois, et contient des études d'ensemble sur le mouvement économique dans tous les pays. Publie en outre des statistiques diverses, des enquêtes, un « Annuaire statistique ».

Association internationale pour la lutte contre le chômage et pour l'organisation du marché du travail. — 34, rue de Babylone. Fondée à Paris le 21 septembre 1910 à propos de la Conférence internationale du chômage.

> Le « service des publications », dirigé par M. Max Lazard, constitue des dossiers relatifs à tous les aspects, tant scientifiques que pratiques, du problème du chômage.
>
> Il a publié, outre le compte rendu de la Conférence, une *Revue internationale du chômage*, et un *Bulletin trimestriel de l'Association internationale pour la lutte contre le chômage*. (On y trouve des enquêtes et projets concernant l'assurance contre le chômage, l'orientation professionnelle et le placement des apprentis, le chômage et les migrations.)
>
> Publie un *Bulletin mensuel* (rédacteur principal : M. Roger Picard), contenant des études documentaires sur la crise de chômage dans les divers pays, des études critiques, des bibliographies, etc...

Salle de statistique de la Faculté de Droit. — Annexe de la bibliothèque. Documents et publications statistiques.

Société internationale de la Science sociale. — 56, rue Jacob.

> Groupement d'études à tendances catholiques. Fondé par M. Demolins; se réclame des idées de l'abbé de Tourville.
>
> A publié une revue : *la Science sociale* (32e année en 1918), interrompue pour le moment.

Groupe d'études sociales. — 7, rue Las-Cases.

> Se rattache au groupe politique de « l'action libérale », et lui sert de bureau de renseignements sociaux.
>
> Petite bibliothèque. Archives parlementaires tenues à jour.

Institut de Paléontologie humaine. — 1, rue René-Panhard. Directeur : M. Boule.

> Collections, conférences, etc...

Bureau d'informations religieuses et sociales. — 4, rue des Petits-Pères.

Service d'études économiques et financières de l'Hôtel de Ville.

> Enquêtes et statistiques sur les questions d'édilité.

Société catholique d'économie politique et sociale. — 35, rue de Grenelle.

Bibliothèque des Ingénieurs. — 44, rue de Rennes.

> Siège de la « Société d'encouragement pour l'industrie nationale ».
>
> Filiale de l'Institut international de bibliographie de Bruxelles. Documentation classée selon le système décimal.

Association nationale d'expansion économique. — 23, avenue de Messine.

> Réunit en volumes les résultats d'une grande enquête sur la production et le commerce, et les études de sa commission de l'outillage national.
>
> Publie une revue mensuelle, *l'Expansion économique*, comprenant une chronique industrielle, commerciale et agricole, des études documentaires, une bibliographie, etc.

Office général de documentation des chemins de fer français. — 126, rue d'Assas, Paris VIe.

Chambre de commerce internationale. — 33, rue Jean-Goujon.

> Bibliothèque, réservée aux adhérents. Bulletin mensuel.

Comité central des houillères de France. — 55, rue de Châteaudun.

> Bibliothèque. Collabore à la publication de la *Revue de l'industrie minérale*, bimensuelle, qui contient des documents statistiques, économiques et commerciaux. Publie en outre un annuaire et des documents divers.

Comité des forges. — 7, rue de Madrid.

> Bibliothèque. Publie des circulaires et documents divers.

Société nationale d'Agriculture et Académie nationale d'Agriculture. — 18, rue de Bellechasse.

> Bibliothèque. Publient chaque semaine les « comptes rendus des séances de l'Académie d'agriculture de France » sous forme de bulletin.

Société des Agriculteurs de France. — 8, rue d'Athènes.

> Publie chaque mois le *Bulletin des Agriculteurs de France*.

Association de documentation bibliographique, scientifique, industrielle et commerciale. — 82, rue Taitbout.

> Bibliothèque. Bulletin.

Bureau d'études et de documentation des Chambres de commerce. — 23, rue de Messine.

> Publie un *Bulletin hebdomadaire d'information économique.*

Chambre de commerce de Paris. — 2, place de la Bourse.

> Bibliothèque. Bulletin. Bureau d'études économiques, publiant un bulletin ronéoté.

Société de législation comparée. — 16, rue du Pré-aux-Clercs.

> Bibliothèque. Publie le *Bulletin mensuel de législation comparée*, contenant les comptes rendus des séances, des études juridiques, une bibliographie, etc...

Office de législation étrangère. — Place Vendôme.

> Sciences sociales et Droit. Bibliothèque publique, possédant toutes les revues de législation étrangère. Répertoire bibliographique de 400.000 fiches, par auteurs et matières. Publie des traductions de codes étrangers, etc...

Bureau international du Travail. — 13, rue de Laborde.

> Possède les documents et publications du Bureau de Genève.

Association nationale française pour la protection légale des travailleurs. — 5, rue Las-Cases (au « Musée social »).

> Section française de l'association internationale du même nom. A publié et continue à publier un grand nombre d'études sur les conditions juridiques du travail dans les divers pays. (Cf. Bibliographie.)

Société pour l'étude des questions d'assistance. — 49, rue de Miromesnil.

Bibliothèque de l'Union des Coopératives. — 29, boulevard du Temple.

> Documents sur le mouvement coopératif et sur le monde ouvrier.

Office du travail législatif et parlementaire. — 36, rue Vaneau.

> Documents parlementaires classés par dossiers. Siège de la *Revue politique et parlementaire.*

Conseil national des femmes françaises. — 1, avenue Malakoff.

Union française pour le suffrage des femmes. — 53, rue Scheffer.

Musée pédagogique. — 41, rue Gay-Lussac. Directeur : M. L. Herr.

> Bibliothèque publique (histoire de la pédagogie, enseignement dans les divers pays, etc...); Bibliothèque circulante pour les membres de l'enseignement en province. Service de vues pour projections et de films cinématographiques.

Office national des Universités et écoles françaises. — 96, boulevard Raspail. Directeur : M. Petit-Dutaillis. Directeurs adjoints : MM. Eisenmann et Roz.

> Organe d'une association qui a pour but principal de faciliter les échanges universitaires. On trouve à l'office des renseignements sur l'organisation de l'enseignement en France, et sur les établissements d'enseignement à l'étranger (principalement pour l'enseignement secondaire et supérieur). A publié un *Annuaire des Universités et Écoles françaises.*

Société pédagogique française. — 30, rue du Général-Foy.

> Organise des réunions au « Musée pédagogique » le jeudi à 4 heures. A commencé des enquêtes sur l'enseignement de l'histoire, sur l'enseignement des sciences, etc. Publie un bulletin.

Société d'hygiène de France. — 78, rue Taitbout.

Office international d'hygiène publique. — Créé à Paris par l'arrangement international du 9 décembre 1907. 195, boulevard Saint-Germain.

> Publie un bulletin mensuel.

Office central des œuvres de bienfaisance. — 175, boulevard Saint-Germain.

TABLE

Paris. — Imp. Paul Dupont (Cl.). 35.8.21.

Imp. Fessou. - 8-21

www.ingramcontent.com/pod-product-compliance
Lightning Source LLC
LaVergne TN
LVHW012014180726
843502LV00005B/1707